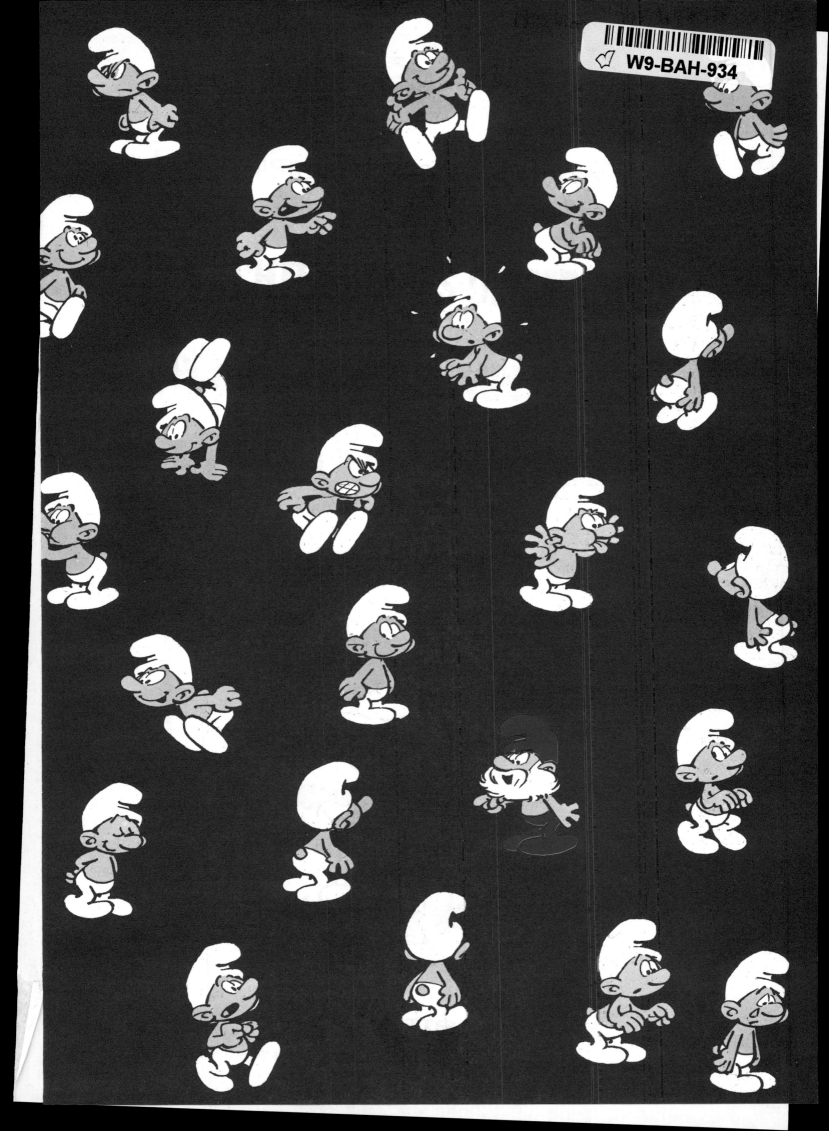

I.S.B.N. 2-8001-0769-3

LES SCHTROUMPFS OLYMPIQUES

Ce matin-là, comme chaque matin, le chant du schtroumpf retentit joyeusement dans le village des petits Schtroumpfs...

COCORISCHTROUMPF

Sans aucun effet toutefois...

ZZZ

...Sauf sur UN Schtroumpf...

Hop! Hop! Hop!

...Le Schtroumpf costaud...

Une Deux! Une Deux!

Hmm... Pfff... Hmm... Pfff...

Trois... Deux... Un...

Schtroumpfez!

J'AI GAGNÉ!! J'AI GAGNÉ!!!

Ben oui! C'est pas difficile de gagner quand on schtroumpfe tout seul!...

!

1

...et à schtroumpfer sans péril, on schtroumpfe sans gloire...

?

Quelque chose ne va pas, Schtroumpf costaud ?

Ben oui ! Je suis le seul à schtroumpfer du sport ! Alors, je suis toujours le premier... et le dernier ! C'est pas schtroumpfant !

Mais pourquoi ne demandes-tu pas aux autres de schtroumpfer avec toi ?

Les autres ?!!... Venez voir ce qu'ils schtroumpfent comme sport, les autres !

?

Celui-ci pêche à la ligne...

Ceux-ci schtroumpfent aux échecs...

Et ceux-là aux fléchettes !

Vous appelez ça du sport ?

Ben...

Il faudrait essayer de schtroumpfer quelque chose... Je ne sais pas... Des jeux par exemple ?

Des jeux ? Oh oui !! Ça c'est une bonne idée !

Le lendemain

RAMBLABLAMBAMBLABLAM

?

AVIS À LA POPULASCHTROUMPF! Le Schtroumpf costaud organise des jeux!

Ah? Et alors?

Attendez! Il y a encore quelque chose de schtroumpfé sur le papier!

Ah oui! Le gagnant schtroumpfera une MÉDAILLE!

Ah non! Ça ne prend plus! Le Schtroumpfissime nous l'a déjà fait, le coup de la médaille.

Bon!... Tu me disais donc que la recette de la schtroumpf à la framboise...

Ah oui! Eh bien, tu schtroumpfes deux mesures de...

J'ai peut être une idée! Si tu leur schtroumpfais que la Schtroumpfette va...

Oh! Oui! Ça c'est une bonne idée!

ET, EN PLUS, LE GAGNANT RECEVRA UNE BISE DE LA SCHTROUMPFETTE!

Schtroumpfez pas, j'étais là la dernière!

J'étais là avant toi!

Où est-elle?

Moi, je n'aime pas les médailles!

Moi d'abord!

COMITÉ DES JEUX

Bon ! Je schtroumpfe les inscriptions !... Qui veut schtroumpfer au saut à la perche ?

JEUX

Moi ! Moi !

Toi ? Oui, moi ! Pourquoi toi ? Et pourquoi pas moi ?

Je l'avais schtroumpfé avant toi ! Non ! c'était moi ! Reschtroumpfe ça si tu es un schtroumpf !

Schtroumpfeur !

Oh oui, Grand Schtroumpf ! Ça, c'est la solution !

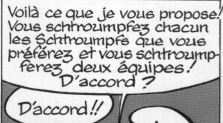

Voilà ce que je vous propose ! Vous schtroumpfez chacun les Schtroumpfs que vous préférez et vous schtroumpferez deux équipes ! D'accord ?

D'accord !!

Toi, Schtroumpf farceur, avec moi ! Moi, je prends le Schtroumpf gourmand ! Le Schtroumpf bricoleur ! Le musicien ! Le paresseux !

Moi j'aime pas les équipes !

Voilà ! On a schtroumpfé nos équipes et nos couleurs ! Nous, on sera les jaunes... Et nous, les rouges !

Très bien ! Que les meilleurs gagnent !

Et moi ?

?

Moi aussi, j'aimerais bien participer aux jeux !

Toi ?... Toi Schtroumpf chétif ?

4

Heu... Bon! Qui veut schtroumpfer le Schtroumpf chétif dans son équipe?

Ben...

C'est-à-dire que...

Bof, C'est pas grave! Allez! Bonne chance!

ATTENDS!

?

Rien ne t'empêche de schtroumpfer tout seul! Je t'inscris?

Oh, oui! Tu crois que j'ai une chance de gagner?

Mais bien sûr! Vas-y!

PAF

Oh! Pardon!

Ce n'est rien!

Moi, ma couleur ce sera le vert!

Il n'a schtroumpfèment aucune chance, non?

Ben, non!

CARTE JAUNE!

?

?

?

5

Moi, je suis le Schtroumpf arbitre ! Et ceux qui ne schtroumpfent pas ce que je schtroumpfe schtroumpferont une **CARTE JAUNE !**

Et j'en ai des cartes jaunes ! Et des rouges ! Et des vertes...

...et des pas mûres !!

Lorsque je sifflerai, vous...

Le Schtroumpf bricoleur ! Vite ! Où est le Schtroumpf bricoleur ?

? ?

Un sifflet ! J'ai des cartes jaunes, mais pas de sifflet ! Et un arbitre sans sifflet c'est comme un schtroumpf sans schtroumpf !

Ça va ! Je vais t'en Schtroumpfer un !

Bon ! Qu'est-ce qu'on schtroumpfe maintenant ?

♪ On va faire une petite fête ! On va faire une petite fête !... ♪♪

Pas question ! Tous au lit ! Il faut être en pleine schtroumpf pour demain ! Réveil à l'aube !

! !

Rien qu'une toute petite fête ?

NON !

Ben, ça commence bien !

Moi, j'aime pas les jeux !

6

Je schtroumpferais bien encore un peu de ce pâté!

Qui veut encore du gâteau?

Du sucre?

Pas trop, quatre ou cinq!

Passe-moi le sel!

Slurp!

Où est la crème fraîche?

Miam-miam! C'est schtroumpfement bon!

NON MAIS ÇA NE VA PAS?

Eh! Mon baba au schtroumpf!

Quand on schtroumpfe du sport, on le schtroumpfe sérieusement!

Et pour commencer, fini de bâfrer comme des schtroumpfs! Le matin, uniquement jus de carottes, pain grillé et fruits! Et maintenant, à l'entraînement!!

Ouais, bon!

On y va!

Faut pas schtroumpfer!

Schtroumpfez l'exemple du Schtroumpf chétif! Lui au moins, il s'exerce depuis l'aube!

Ah oui? On serait curieux de le voir schtroumpfer, celui-là!

Très bien!

Hé! Hé! Hé!

Allons-y, Schtroumpf chétif!

C'est pas très bon, hein ?

Laisse ! On va schtroumpfer autre chose !

Voilà ! Le saut en hauteur ! Je vais te schtroumpfer ce qu'il faut faire !

Tu schtroumpfes bien ta distance... Tu t'élances...

Et hop ! Tu sautes ! Attention, sans faire schtroumpfer la barre !

Tu as vu ? A toi !

Et hop !

Tu as vu, dis, tu as vu ? Je n'ai pas fait schtroumpfer la barre ! C'est bien, hein ?

C'est bien ! C'est TRÈS bien ! Continue tout seul ! Moi, je dois me schtroumpfer aussi un peu des autres !

Hi ! Hi ! Hi !

HA ! HA ! HA !

WOUHÂÂH HA ! HA !

Bon ! Assez rigolé ! A présent, on va voir ce que VOUS, vous pouvez schtroumpfer !

11

Voilà ! Il faudra schtroumpfer le saut à la perche, les exercices aux schtroumpfs parallèles, le lancement du javelot, du marteau, du poids, etc...etc...

Moi, je n'aime pas les pois !

Ben, mon schtroumpf !

On aurait su...

Allez bon, moi j'y vais ! Je schtroumpfe le saut en longueur !

Bravo Schtroumpf bricoleur !

Toi, qu'est-ce que tu schtroumpfes ?

Je ne sais pas. Et toi ?

Moi, j'ai envie de reschtroumpfer me coucher !

Eh ! Je suis prêt ! Regardez bien !

Houba !

GOW

Houba !

GOW GOW GOW

Bravo !

CLAP CLAP CLAP

SCHTROUMPF !!

GO.WWW

Article trois...

?

COMITÉ DES JEUX

Heu... Qu'est-ce que je pourrais bien schtroumpfer dans l'article trois ?...

Des problèmes, Schtroumpf costaud ?

Ben oui! J'ai oublié de schtroumpfer un règlement pour les jeux!

Bon! Laisse! Je le schtroumpferai pour toi!

Oh! Merci Grand Schtroumpf!

Bah! A chacun sa spécialité! Toi retourne te schtroumpfer de leur entraînement!

Article trois...

Alors? Je schtroumpfe ou je schtroumpfe?

Ben moi...

Le schtroumpf-mouton, c'est bien plus amusant que le schtroumpf en hauteur!

Moi je n'aime pas le mouton!

Oh, non! Vous n'êtes pas sérieux! Mais je vous schtroumpfe que maintenant il va y avoir un règlement! Et c'est le Grand Schtroumpf qui le fait!...

Article trois... Qu'est-ce que je pourrais bien schtroumpfer dans l'article trois ?...

14

PRÊTS?

Un moment!

Avant de schtroumpfer, dites-vous bien que rien ne sert de schtroumpfer, il faut schtroumpfer à temps et que l'important n'est pas de...

MAIS ⊙☆✳✿ TU VAS NOUS SCHTROUMPFER LA PAIX, A LA FIN?

Quoi?

Insultes au Schtroumpf arbitre! CARTE JAUNE!

Encore!!

Dis donc, Schtroumpf arbitre, tes cartes jaunes...

Oui, qu'est-ce qu'elles ont mes cartes jaunes?

On va te les faire schtroumpfer tes cartes jaunes!

Exactement!

Et encore, on est poli!

Mais...

J'AI GAGNÉ! J'AI GAGNÉ!!

15

Et les autres ? Qu'est-ce qu'ils schtroumpfrent, les autres ?

! ... ZZZ... Une... deux... ZZZ... Une... deux...

Et alors, Schtroumpf paresseux ? C'est ça ton entraînement ?

Hmm ? Qu'est-ce que ?... Ah ! Oui, moi, je schtroumpfe les exercices au sol ! Une... deux...

Eh ! Schtroumpf costaud ! Viens voir !

Hein ? Voir quoi ?...

Zzz Une... deux...

Regarde ! On est les schtroumpfs du triple saut !

Moi, je n'aime pas les sots !

FLAP FLAP FLAP

Flapflap flap ?...

Ce serait schtroumpfement plus facile sans cette perche !

OH ! NON !!

Et la veille des jeux...

Bonsoir! Et schtroumpfez bien! Demain, c'est le grand jour!

Alors, Schtroumpf chétif? En forme pour demain?

Non, Grand Schtroumpf! J'abandonne!

Quoi? Mais... mais pourquoi?

Oh! Ce n'est pas la peine, je n'ai pas la moindre schtroumpf! Je me suis pourtant bien entraîné mais... Je ne serai jamais que le Schtroumpf chétif!...

Allons, allons, viens!... Tu as confiance en moi?

Mais bien sûr!

Eh bien, moi aussi! Et je VEUX que tu participes aux jeux!

Tiens, prends ceci! Tu t'en schtroumpferas sur le bout du nez avant chaque épreuve...

?

Mais après, tu me promets que tu te schtroumpferas à fond! Promis?

Merci, Grand Schtroumpf! Je...

Chut!

24

Et cette nuit-là, si la plupart des Schtroumpfs dorment en paix...

...Les sportifs, eux, par contre, rêvent de victoires...

Le Schtroumpf gourmand espère que les médailles seront en chocolat...

Le Schtroumpf amoureux reçoit la bise de la Schtroumpfette...

Le Schtroumpf paresseux voit surtout le coussin sur lequel on lui remet sa médaille...

Le Schtroumpf prétentieux rêve d'un podium fait à sa mesure...

Et si le Schtroumpf chétif s'imagine être le Superschtroumpf...

...Le Schtroumpf grognon, lui...

Moi, je n'aime pas les rêves!

Et c'est le grand jour...

Ben alors, où est-il?

LÀ! LE VOILÀ!

PROUF!

JE DÉCLARE LES JEUX OUVERTS!

Le Schtroumpf farceur! Où est le Schtroumpf farceur?

Mes médailles! Qui veut mes belles médailles?...

Du calme !... Décontractez-vous !... Mais schtroumpfez-vous nom d'un petit schtroumpf, le défilé va commencer !...

VESTIAIRE

ALORS, SCHTROUMPF CHÉTIF ?

Heu, j'arrive !

AH ! ILS SONT LÀ !!

Allez, Schtroumpf chétif !

Vas-y !

Ha! Ha! Ha!

Courage !

HOU!

HOÛÛÛ!

VENDU !

Et les jeux commencent ! Nous allons d'abord schtroumpfer à la course de relais !

Les Schtroumpfs rouges se préparent...

Colle

Ainsi que les Schtroumpfs jaunes !

SAVON NOIR

Ils sont maintenant sur la ligne de départ...

Attention ! Prêts ?

23

Les épreuves se succèdent. Jusqu'à présent, les rouges et les jaunes n'ont pas schtroumpfé de performances extraordinaires !

Mais voyons le lancement du javelot ! C'est le tour du Schtroumpf chétif et...

...et c'est encore lui qui l'emporte !

Nous passons maintenant à la natation !

Ça marche !

Prêt ?

Partez !

PLOUF

ALLEZ LES ROUGES !

ALLEZ LES JAUNES !

Allez le vert !

LES ROUGES !

LES JAUNES !

LE VERT !

La lutte est serrée entre les rouges, les jaunes... et le vert !

Et une fois de plus, c'est le chétif-enfin le vert-qui gagne !

Top !

BRAVO LE VERT !

Eh bien oui, moi, j'aime bien le vert ! Na !

Le schtroumpf chétif remporte encore les épreuves suivantes : Les anneaux...

Le saut à la perche...

Le judo....

Et c'est l'épreuve décisive : **LE MARATHON !**

PARTEZ !

ILS SONT PARTIS !

DÉPART

42,195

Mais le trajet est long...

31

Très long...

25

Bon ! On a le temps ! Moi je vais schtroumpfer une petite sieste !

ARRIVÉE

Très, très, très long...

19 18 17 16

Je n'en peux plus !

Vite ! Un peu de gelée du Grand Schtroumpf !

Non !... C'est fini !

26

J'abandonne!

OUAAAH!!

Mais, que se passe-t-il? Le Schtroumpf chétif que l'on croyait schtroumpfé surgit...

Il schtroumpfe les rouges! Les jaunes! Et...

ET REMPORTE LA DERNIÈRE ÉPREUVE!!

...Et je suis heureux de schtroumpfer à notre schtroumpf qui, par son courage...

...son travail, sa persévérance...

...a schtroumpfement bien mérité cette médaille!

C'est gentil, mais je ne peux pas accepter... J'ai triché!

27

FIN

PÂQUES SCHTROUMPFANTES

Qu'est-ce que je pourrais schtroumpfer au Grand Schtroumpf pour ses Pâques? Un cadeau utile? Ou bien mon portrait?...

Oh! Un œuf!

Ça, c'est un beau cadeau! Le Grand Schtroumpf verra que moi, je pense à lui! Il me félicitera...

...et il dira que je suis le plus schtroumpf des Schtroumpfs -ce qui est vrai- et les autres Schtroumpfs seront jaloux!

C'est le Grand Schtroumpf qui sera content!

Oh! Le Schtroumpf pâtissier!

Cet œuf en sucre lui schtroumpfera certainement plaisir!

Son cadeau est plus schtroumpf que le mien! C'est lui que le Grand Schtroumpf va féliciter! À moins que...

HOU-HOU! SCHTROUMPF PÂTISSIER!..

Oui?

Tiens? Il n'y a personne!?

Hop!

Vite, vite! Schtroumpfer l'œuf!

C'est étrange!

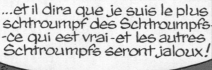

J'aurais pourtant schtroumpfé que quelqu'un m'avait appelé...

Ouf!

Ce n'est peut-être pas très schtroumpf ce que j'ai fait là, mais puisque personne ne m'a vu...

Mon cadeau! Qui veut mon beau cadeau?

Oh! Le Schtroumpf à lunettes! Avec un oeuf!

Je vais d'abord passer chez moi avant d'aller chez le Grand Schtroumpf!

Ce qu'il faudrait, c'est un ruban! Un beau ruban rouge!

Je vais lui schtroumpfer un bon tour signé: Schtroumpf farçeur!

Pour commencer, du plâtre... Beaucoup de plâtre! Et puis de l'eau!

Je schtroumpfe le tout dans un moule! J'attends que ça sèche...

Et j'obtiens un bel oeuf creux, plus vrai que nature!

Je fore un trou!

Et j'y schtroumpfe un gros pétard...

QUE J'ALLUME!!

Et je reschtroumpfe chez le Schtroumpf à lunettes!

Je ne trouve pas de ruban! Je vais en schtroumpfer un au Schtroumpf coquet!

C'est le moment!

Vite, avant qu'il ne revienne!

Et voilà! Hi! Hi! Hi!

Je vais l'offrir au Grand Schtroumpf!

Mais je vais d'abord le faire cuire à la coque! C'est comme ça qu'il les aime!

Je schtroumpfe mon sablier sur trois minutes et je...

?

Mais...mais que s'est-il schtroumpfé? Mon oeuf a fondu?! Quel est le Schtroumpf qui m'a schtroumpfé cette farce?...À moi?

Voici pour vos Pâques, Grand Schtroumpf!

Oh! Un œuf! Merci, Schtroumpf pâtissier!

Nous allons tout de suite schtroumpfer un gros gâteau!

Mais...mais j'ai schtroumpfé un VÉRITABLE œuf, moi !??

Mettons-le cuire au four...

Et voilà! Il ne nous reste plus qu'à le décorer et à le schtroumpfer tous ensemble!

Je ne comprends pas!

HOU-HOU! GRAND SCHTROU-OUMPF!

Devinez ce que j'ai schtroumpfé pour vous! Vous allez sauter de joie!

Je ne comprends vraiment pas!

?

BAOUM

J'comprends toujours pas! Mon œuf est devenu véritable!

Le mien a fondu!

Je vous le jure, Grand Schtroumpf! Mon œuf était un œuf en sucre que j'avais schtroumpfé contre un véritable œuf qui était dans la forêt et chacun sait que le sucre, ça n'explose pas et que..

MOI, J'EXPLOSE!

4

FIN

LE JARDIN DES SCHTROUMPFS

Brrr... Elle est froide !

Bhêêê ! Mais c'est plein de petites bêtes !

Mon gâteau !

Un si beau pique-nique !

Moi, je n'aime pas les petites bêtes !

Il faut absolument arranger cet endroit ! Venez ! Reschtroumpfons au village !

Bonjour, Schtroumpf bricoleur ! On aurait besoin de toi et... heu, de tes outils !

Ouais ! Comme d'habitude, quoi ! Enfin ! Entrez et schtroumpfez ce qu'il vous faut !

Je peux t'emprunter ce marteau ?

Ah ?

Mais voyons, Schtroumpf bêta, ça, c'est une pince !

Tu n'as pas vu le tire-bouschtroumpf ?

Où sont les vis ?

Tu veux dire : le schtroumpfe-bouchon ?

BING CLANG BAM BING BONG TAC POC TCHiii

Et voilà ! Schtroumpfez ma chaise pliante ! J'ouvre...

Je déplie...

Je 6★★

OUAAH !

Attention ! Laissez passer !

Alors, Schtroumpf paresseux, cette balancelle ?

J'y pense ! Je n'arrête pas d'y penser !

Eh ! Venez voir mon barbeschtroumpf qui schtroumpfe sans fumée !

BAOUM

Pas très pratique pour schtroumpfer l'herbe ce truc-là ! Il doit y avoir moyen de l'améliorer !

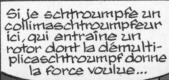

Si je schtroumpfe un collimaschtroumpfeur ici, qui entraîne un rotor dont la démultiplicaschtroumpf donne la force voulue...

BING BAM BING

Et voilà ! Voyons ce que cela schtroumpfe !

Pfff ! c'est lourd... Et fatigant !!

TCHITIDIDIG TCHIDIG

Si je supprime la démultiplicaschtroumpf, que j'enlève le rotor et coupe le collimaschtroumpfeur...

J'obtiens ce modèle léger et peu encombrant ! Je suis GÉNIAL !

Et moi ! Regardez ce que j'ai schtroumpfé !

Mais enfin, Schtroumpf bêta, qu'est-ce que tu vas faire avec ce grand rateau ?

Ben, schtroumpfer les grandes grandes feuilles, tiens !

Il est fou, le Schtroumpf bêta !

Bon ! Il est tard ! Allons nous coucher ! Nous continuerons demain !

3

Peyo

Cette nuit-là, à l'autre bout de la forêt...

Viens, Azraël, nous allons chercher des champignons vénéneux !

Miaw!

Je voudrais tant, un jour, attraper un Schtroumpf !... Rien qu'un seul !... Un tout petit !

Mais... on dirait que les Schtroumpfs sont venus ici ! Ils ont même fait un pique-nique !

Hé, hé! Ça me donne une idée!

JE LES TIENS !!

Vite, Azraël! Rentrons!

Au travail!

?

HA! HA! HA!

BLINK

BING BANG

Et le lendemain...

Bonjour, Schtroumpfette! Où allez-vous?

Je vais cueillir des fraises!

TRALALA-LALA

!?

4

OHÉ! LES SCHTROUMPFS! VENEZ VOIR! C'EST

Qu'est-ce qu'il y a? Que se passe-t-il?

Regardez ce panneau! Ce doit être schtroumpfement bien! Si nous y allions?

VENEZ TOUS STROUMPFE Au Jardin du Plaisir C'EST PAR LÀ

Heu... Est-ce bien prudent?

Pourquoi? Vous avez peur?

Peur? Nous?

Qui? Ha! Ha!

Alors, allons-y!

Schtroumpfe devant, toi!

Moi? Pourquoi moi?

Au Jardin du Plaisir

Oh! Comme c'est joli!

Une balancelle!

Un bassin!

Des jeux!

N'y allez pas! C'est un guêpier!

Moi, je n'aime pas les gais pieds!

Qui a bien pu schtroumpfer tout ça?

Je ne sais pas! En tout cas, c'est schtroumpfement bien schtroumpfé!

Elle est bonne?

Délicieuse!

Ha! Ha! Ha!